아침 강가에서

정상석 시집

도서출판 土房

작가의 말

무지갯빛 세상 밖을 그리워하다 한 줌 재가 되어 버린 이들이 있습니다. 너무도 어린아이 같은 저에게 안이한 삶을 살아서는 안 된다는 것을 일깨워준 이들이 있습니다.

그들도 저처럼 몸이 많이 불편한 이들이었기에, 갇힌 삶을 살고 있어 어려서부터 친구가 없어서 그랬는지 인터넷 메신저를 통해서만 대화를 나눌 수 있었습니다. 그래서 형과 동생들이 될 수 있었습니다. 그런데 그들의 소식이 갑자기 끊겨 아는 사람들에게 물어보면 하나 둘 세상을 떠났다는 소리를 들었습니다. 그런 소식을 접할 때마다 너무 가슴이 아파 몇날 며칠 밤을 눈물로 지새운 시간들이 많았습니다. 저는 그들을 생각하며 그들과의 마지막 약속을 지키고 싶었습니다.

그래서 저는 더 열심히 글을 썼고, 이제 다시 저의 두 번째 시집을 내놓게 되었습니다. 저 하늘 구름 위에서 저를 지켜보고 있을, 그들의 이름을 부르며 이 기쁨을 함께 하고 싶습니다.

아울러 저의 두 번째 시집이 세상에 나오기까지 애써주시고 도와주신 여러분들께 진심으로 감사드립니다.

2011년 3월의 어느 날
혜우 정상석

차례

2. 이른 아침 강가에서

3. 푸른 들판에 누워

차례

차례

1. 분홍 꽃

세상에 태어나서 단 한 사람

세상에 태어나서 단 한 사람
내가 가장 사랑해야 할 사람도
바로 나 자신이고
세상에 태어나서 단 한 사람
내가 가장 두려워해야 할 사람도
바로 나 자신임을
부처님의 법문을 들으며
이제 와서야 배웠습니다.

이제껏 세상을 살아오면서
내 스스로 나 자신을
얼마나 괴롭혔던가를
부처님의 가장 크신 사랑으로
지금에서야 알게 되었습니다.
무엇이 사랑이고
또 무엇이 미움인지를
당신에게서 배웠습니다.

세상에 태어나서 단 한 사람
내가 가장 의지해야 할 사람도
바로 나 자신이고
세상에 태어나서 단 한 사람
내가 이겨내야 할 사람도
바로 나 자신임을
부처님의 사랑 속에서
눈물로서 배웠습니다.

내가 그리고 싶은 나의 자화상

나의 알 수 없는 운명처럼
나보고 나의 자화상을 그리라면
나는 우울한 많은 말들 대신
볼수록 아름답고
향기를 맡을수록 그윽한
그런 자화상을 그려놓고 싶다

나의 슬픔이 있는 창문처럼
나보고 나의 자화상을 그리라면
나는 미워하는 마음 대신
누군가를 사랑할 수 있는
정이 넘치고 웃음 많은
그런 나 자신을 그려놓고 싶다

나의 고독이 어린 공간처럼
나보고 나의 자화상을 그리라면
내가 불쌍하단 생각 대신
내 인생의 마침표 찍을 자리에
하늘에서라도 허전하지 않게
국화꽃 한 다발 그려놓고 싶다.

나를 만나리

먼 훗날 이유 없는 슬픔에 빠져
허우적대던 나 자신이 아닌
거센 폭풍우 불어오는
비바람에도 견딜 수 있는
강인한 가슴을 가진 나를 만나리.

그리하여, 내 사랑하는 이들에게
부끄럽지 않은 내가 되리.

구름 몰고 다니는 운명의 바람에게
나 언젠가 당찬 도전장을 내던지며
크게 한 번 소리 지르리.

추운 겨울날 기나긴 눈보라 견디고
따사로운 봄날의 햇살 받고
어여쁜 들꽃들이 만발하면
아픔을 이겨낸
강철 같은 나를 만나리.

하늘을 보아라

네가 못내 잊을 수 없는 사람이
눈물 나도록 그리워지면
하늘을 보아라

흰 구름 흘러가는 푸른 하늘에서
네가 그렇게 그리워하는 사람이
미소 짓지 않더냐

찬란한 햇살 부서지는 너의 하늘에서
네가 그토록 보고 싶어 하는 사람이
웃고 있지 않더냐

하늘을 보아라
하늘을 보아라

살다가 떠난 사람이 그립고 보고파도
환한 얼굴로
하늘을 보아라.

행복을 파는 가게

행복을 파는 가게가 있었습니다.
그 가게에 가면
행복을 파는 것뿐만 아니라
덤으로 행복과 함께
웃음을 끼워 팔곤 했습니다.

아주 싼값에 그것을 팔아서
가게는 항상 적자에 허덕이는데도
뭐가 그렇게 좋은지
주인장은 아랑곳하지 않았으며

내가 행복을 사려고 가게 문을 열면
언제나 밝은 미소로
나를 반겨주었습니다.

나는 행복을 파는 그 가게의
주인장이 좋아서
둘도 없는 단골이 되었습니다.

당신이 정말 시인이라면

당신이 정말 시인이라면
세상 가장 어두운 골목에서
잠시 쉬다 가는
어느 한 사람을 위해
시 한 편 써 주세요.

당신이 비록 지금은
이름 없는 무명시인일지언정
당신이 쓴 시를 읽는다면
그 한 사람의 마음은
더 이상 외롭지 않고

마지막 이 세상
떠나야 하는 순간이 와도
자기 자신을 사랑하는
당신을 기억하며
떠날 수 있을 테니까.

희망을 꿈꿀 수 있는 행복

희망을 꿈꿀 수 있는 사람은
지금 이 세상을 살고 있는
그 누구보다도 행복할 것이다.

불행은
너무도 어두운 삶을 살아온
당신 생각 속에서나
존재하고 있는 것일 뿐
희망이 있는 가슴은
절대로 불행하지 않다.

마음이 지쳤다고
불행하다 생각하지 마라.
아무리 세상살이가 힘들고
고난의 연속이라 하더라도
절망에 빠져
시간을 낭비하지 마라.

당신이 스스로 만든 굴레에서 어서 벗어나
밝은 웃음으로
우리 다 함께
희망과 행복을 꿈꾸자꾸나.

따스한 모닥불 지펴진 산장에서

빈 가슴으로 세상을 살아가고 있다면
당신은 사랑을 모르는
목석과 같은 그런 사람일 것이에요.

그냥 생각 없이 세상을 살아가고 있다면
당신은 이기심으로 가득한
바보 같은 그런 존재일 것이에요.

비어있는 가슴을 가득 채울 수 있다는 것은
가장 큰 신의 축복일 것이에요.
생각이 너무도 차가운
겨울바람에 얼어붙었다는 말은 절대 하지 마세요.

저 높은 산
따스한 모닥불 지펴진 겨울 산장에서
우리 서로 이렇게 차가워진 가슴 녹여줘요.

내가 살고 있는 집

고래 등 같은 집이 아니더라도
추운 겨울이면
동장군의 심술 막아 주는
우리 집이 있으니
나는 이 얼마나 행복한가

궁전 같은 좋은 집이 아니더라도
세상살이에 지쳐 있을 때
마음 놓고 쉴 수 있는
우리 집이 정말 좋다

나의 가슴속에
소중히 간직할 추억 있는
우리 집이
나는 정말 좋다

사랑 조심

세상의 모든 고독은
사랑으로부터 오고
세상의 모든 아픔도
사랑으로부터 온다.

마음의 모든 불안은
사랑으로부터 생기고
마음의 모든 절망도
사랑으로부터 생긴다

그러나 우리들은
사랑 없인 단 하루도 살 수 없는
나약한 존재이기에

아아, 사랑
우리가 설령 사랑에 빠질지라도
그 사랑을 조심하자.

봄 편지

나 그대에게
편지를 씁니다.
그렇게 기다리고
기다리던
아름다운 봄이
찾아왔다고

노란 개나리꽃이
활짝 피어
동산에 따스한
봄이 왔음을 알리는데

나 그대를 향한 그리움으로
보낼 수 없는
편지를 씁니다.

나는 지금 행복합니다

나는 지금 행복합니다
이른 아침 자리에서 홀로 깨어
곁에 아무도 없다는 것을 느낄 때에도
당신과 함께 했던
소중한 추억을 떠올릴 수 있으니
나는 지금 미소 지을 수 있습니다.

나는 지금 행복합니다
내 외로웠던 지난날들이 있었기에
희망을 노래할 수 있는
내가 있다는 것을 알기에
슬픈 눈물 거두고
저 푸른 하늘의 흰 구름과
밝은 태양처럼 살아 갈 수 있습니다.

사랑할 수 있다는 것은

내가 당신을
사랑할 수 있다는 것은
당신께서
내게 주신 축복입니다.

내가 당신 곁에 있다는 것 또한
당신께서
내게 주신 행복입니다.

사랑을 느끼고
그 사랑으로 인하여
나를 행복하게 하셨으니
오오! 당신은
어둠을 밝히는
한 줄기 불빛입니다.

평창 가는 길에는

평창 가는 길에는
신록이 짙은 유월이라서
너무 좋았어라.

맑은 공기 마실
잠깐의 휴식 같은 여유가 있어
더욱 좋았어라.

평창 가는 길에는
신나는 축제의 노래 부를 수 있어
정말 좋았어라.

좋은 추억과
새로운 나를 발견할 수 있어
그것이 좋았어라.

추억이 잠들다

내리는 빗물 소리 같은
슬픈 음악을
듣고 있다.

창가에 기대어
말하지 않아도
분명히 느낄 수 있다.

그대와 함께한
좋은 추억들이
내 옆에 잠들어
누워있다는 걸.

나는 그렇게 살리

풀잎에 맺힌 이슬처럼
맑고 순수하게 살리.
내 마음에
거센 비바람 불고
눈보라 몰아쳐 와도
나는 그렇게 살리.

강가의 조약돌처럼
쓸쓸해도 강하게 살리.
내 가슴에 지울 수 없는
어둠의 그림자가 드리워져도
나는 그렇게 살리.

이름 모를 들꽃처럼
티 없고 아름답게 살리.
내 영혼이 저 들판을 뛰어 다니는 날
진정한 자유를 느끼면서
나는 그렇게 살리.

그물에 걸리지 않는 바람·1

나도 모르게
잡을 수 없는 바람을 잡으려다
허탈하게 웃습니다

나도 모르게
잡히지 않는 세월을 잡으려다
서글프게 웃습니다

나도 모르게
그물에 걸리지 않는
사랑 하나
잡으려다 웃습니다.

깊은 밤을 보내고

깊은 밤을 보내고 새벽이 오면
나의 슬픈 기억 서산 넘어
사라지는 어둠 속에 묻어버리리.

밝아오는 첫 햇살 받고 피어난
이름 모를
한 송이 꽃을 사랑하며 살리.

깊은 밤을 보내고
날이 밝으면
꼭 그렇게 살리.

해맑게 웃으며
괴로웠던 기억
흩날리는 꽃잎 속에 잊어버리리.

해우소

들어갈 때는 간절한 마음으로 들어갔다가
나올 적에는 시원한 기분이 되어 나오는
그곳은 인간들의 극히 자각적이고
가장 더러운 것을 배설하는 곳이다.

그곳에서 인간들의 그릇되고
나쁜 마음도 배설되었으면 좋겠다고,
그곳에서 인간들의 자기만 아는
이기적인 생각도 배설되었으면
소원이 없겠다고
저 높고 푸른 가을하늘 보며
소망 어린 눈빛으로 바래본다.

그런 사랑이 필요하니까요

당신이 무심코 던진 돌에 맞아
개구리는 죽어갑니다.

그렇듯이 헛된 말로
사랑하고
거짓 행동으로 남에게 상처 주는 것은
옳은 일이 아닙니다.

우리들에겐 무엇보다도
봄날의 햇살처럼
따스한 사랑이 필요하니까요.

연기

백발이 성성한 머리 풀고
이승과 저승의 경계를 넘어
너는 홀연히
저 하늘로 올라가는구나.

이 세상에 머물렀다 간다는
슬픈 흔적조차 없이
너는 쓸쓸히
저 하늘로 올라가는구나.

아직도 가슴엔 아쉬움 남아
아픈 사랑 등에 짊어지고
너는 그렇게
저 하늘로 올라가는구나.

빈 지갑

나의 지갑은 지금 비어있다
그렇다고 내가
가난하다는 것은 아니다

나의 지갑은 비록 비어있지만
이토록 따사로운 당신 사랑
느낄 수 있는 이 가슴과
밝은 세상 노래할 수 있는 시가 있으니
나란 사람은
그 얼마나 부자인가

지갑에 돈 좀 있다고
다 부자는 아니다
지갑이 비어 있어도
사랑을 느낄 수 있는
가슴이 있어야
진정한 부자이지.

분홍 꽃

분홍 꽃잎
홀로 홀로 피어
기쁨의
미소를 지어주고

분홍 꽃잎
곱게 곱게 피어
새로운
희망을 전해 주며

분홍 꽃잎
어여쁘게 피어
너무 외로운
나를 달래주네.

그런 사람이 되었습니다

그리운 이여!
못 견디도록 슬픈 이여!
당신은 죽어서
한 마리 새가 되었지만
나는 살아남아
슬픔에도 울지 않는
그런 사람이 되었습니다.

그리운 이여!
날이 갈수록 보고픈 이여!
당신은 죽어서
산에 피는 꽃이 되었지만
나는 살아남아
긴 고독마저 무심한
그런 사람이 되었습니다.

그리운 이여!
나의 곁을 떠나버린 이여!
당신은 죽어서
밤하늘 은하수 되었지만
나는 살아남아
그리움을 잊어 가는
그런 사람이 되었습니다.

꽃시계

해맑은 웃음을 머금은 하얀 얼굴
너의 가는 손목에
예쁜 꽃시계 만들어 채워 주고 싶었다.

하늘 보는 것이 좋아
너는 그렇게 노래하듯 웃고
나는 푸른 숲이 좋아
너와 같이 웃었다.

5월의 어느 날
싱그러운 바람이
너와 나의 얼굴을 간질이고

우리
가는 손목의 예쁜 꽃시계는
영원히 외롭지 않게
기억 속에 남으리.

불제자의 노래

세상에 부처가 아닌 이가 없고
세상에 보살이 아닌 이도 없네

나는 부처님 가르침으로 살고
보살들의 보살핌으로 살고 있나니
그 바다 같은 사랑에
흠뻑 취했어라!

그물에 걸리지 않는 바람·2

기억 저 편에서 흘러가는 강물이
내 가슴 스쳐가는 그리움 되었어도
나는 절대 외로움에 쓰러지지 않나니

끊임없이 흘러가는 세월이
우리 손에 잡히지 않듯
폭풍 되어 불어오는 거센 바람도
우리 인생 속의 가난한 그물에는
걸려들지 않는 영혼이 되어라.

아름다운 노래

살다보면 문득
산다는 것이
하찮게 느껴질 때가 있다.

그럴 때마다 맑은 가슴으로
나는 아름다운 시를 쓴다.

이렇게 아름다운 것들을 노래하고서야
비로소 행복해지는
나는 욕심쟁인가 보다.

사계

봄이 되기 전 겨울은 참 서글펐네.
들판에 꽃도 없고 나에겐 꿈도 없어
봄이 되기 전 겨울은 참 서글펐네.

여름 되기 전 봄날은 참 외로웠네.
뒷산에 꽃이 피고 산새들이 날아와도
여름 되기 전 봄날은 참 외로웠네.

가을 되기 전 여름은 참 괴로웠네.
사랑이 떠나간 자리 가슴엔 추억만 있어
가을 되기 전 여름은 참 괴로웠네.

겨울 되기 전 가을은 참 쓸쓸했네.
거리엔 낙엽이 쌓이고 두 볼엔 눈물만 흘러
아아, 겨울 되기 전 가을은 참 쓸쓸했네.

돛단배

돛을 올려라, 돛을 올려라.
우리 소중한 사랑 가득 싣고
돛단배 출항한다.

저 까마득한 돛대위로 올라가
미풍에 펄럭이는 하얀 돛은
우리를 과연
어디로 데려갈까.

돛을 올려라, 돛을 올려라.
그리운 우리 고향 찾아
돛단배 출항한다.

새벽하늘 이 가슴속
해 뜨는 바다로
돛단배 출항한다.

나는 웃는다

나는 웃는다

슬퍼도 웃고
외로워도 웃고
속상해도 웃고
하루 종일
바보처럼 웃는다

때로는 남들에게
모자라 보이는 것이
더 편할 때가 있다

그래서 나는
지금도 웃는다.

2. 이른 아침 강가에서

봄날의 향기 속에서

봉오리 다 떨어진
봄꽃의 이름이래도

선하고 어진 영혼으로
환생하게 하소서.

화사한 웃음으로
우리 곁에 다가오는
봄날의 향기 속에서.

그물에 걸리지 않는 바람·3

새벽녘부터 하늘이 흐리더니
기억 속에선 잠들지 않는
그리움의 비가 내리고 있다.

그저 흐르는 시간 속에
그저 기나긴 세월의 폭풍 속에
너를 그리워하는
나는 야위어가고 있다.

새벽녘부터 하늘이 흐리더니
그물에 걸리지 않는
슬픈 바람이
빈 가슴에 불고 있다.

내가 아프지 않는 방법은

내가 사랑을 하면서
아프지 않는 방법은
바로 바보가 되는 것뿐.
아무것도 모르는
어릿광대가 되는 것뿐.

내가 이 세상을 살면서
아프지 않는 방법은
너를 사랑하지 않는 것뿐.
아무것도 알지 못하는
푸른 이끼가 되는 것뿐.

그러나 나 역시
사랑 없인 단 하루도 살 수 없는
나약한 존재이기에
오늘도 어리석은 사랑에 속으며
이 세상을 살고 있는 나.

이른 아침 강가에서

끝없이 바다를 향해
흘러가는 강물을
나는 지금 바라보고 있다.

내 아버지와 같은 부성애로
저 고요한 소양강의 물결을
끌어안은 태백산맥 너머

찬란한 아침 해가
떠오르는 모습을
나는 지금 바라보고 있다.

조각별

조각별,
나를 사랑하지 마세요.

내가 어쩔 수 없는
선택을 할 때
당신 마음 아플 테니까.

그러나 조각별,
잊지 마세요.

우리가 함께 했던
수많은
시간들을.

나는 시를 쓰는 밥벌레

나는 시를 쓰는 밥벌레
이렇게 사람 없는 공간에
갇혀버린 이 시간

사랑하는 그대가
돌아오지 않는다 할지라도
나는 지금
지난 세월의 모습처럼

한 줄의 고독과
한 줄의 그리움과
한 줄의 기다림으로

나는 밥만 먹으면
돌아앉아 시를 쓴다네.

사랑 별곡

이젠 그 누구에게도
정 주지 않을 거야
때가 되면 모두
나의 곁을 떠날 테니까.

다시는 그 누구도
사랑하지 않을 거야
사랑하면 할수록
나의 모습만 초라해지니까.

그러다
보낸 사랑이 그리워지면
밤하늘을 바라 볼 거야
밤하늘의 저 별들은
나의 마음을 위로해 줄 테니까.

나를 닮은 목각인형

이런 나의 마음을 아세요?

한 송이 아름다운 장미꽃을 꺾으려다
날카로운 가시에 찔려
피가 나는데도 전혀
아픔조차 느낄 수 없는 나의 마음을

그래요, 아픔을 느낄 수 없다면
진정한 사랑도 느낄 수 없다고
사람들은 나에게 말합니다.

그래서 나는 나를 닮은
작은 목각인형을 사랑합니다.

감출 수 없는 외로움에
누군가를 서럽게 그리워만 하는
나를 닮은
슬픈 저 목각인형을.

그물에 걸리지 않는 바람·4

찬바람 부는 궂은 새벽입니다. 오늘은 또 어느 누가 떠나고 어느 곳에서 어떤 새 생명들이 태어날까요?

한 번 살다가 가는 그 고난의 인생길에서 만나 우리는 사랑하고 때로는 어느 누군가를 미워도 하며 지금까지 살아왔습니다.

이제 우리는 남은 생을 또 어떻게 살아야 할까요? 나는 저 흘러가는 강물처럼 티 없이 맑게 살고 싶습니다. 나는 저 떠오르는 아침 햇살처럼 웃으며 밝게 살고 싶습니다.

마치 우리가 저마다 가슴에 굳게 쳐놓은 그물에 걸리지 않는 바람처럼…….

야생화

외로운 들판에 홀로 피어난 야생화야
너는 누굴 기다리니?

이렇게 외로워하는
내 모습을 보면서
성근 저녁 하늘은 선홍빛으로 물드는데

쓸쓸한 언덕에 곱게 피어난 야생화야
너는 누굴 그리워하니?

모두 다 부질없다
젊은 날의 사랑도 서글펐던 나의 이야기도

그저 내리는 빗물만이
너의 꽃잎을 적시고 있구나.

도시의 그림자

바람이 차갑게 불던 날,
사랑이 서글프게 울던 날,
어둠을 밝혀주던 작은 촛불이
눈물 속에 흔들립니다.

사랑을 잃어버린 후에야
그리움이 무엇인지 알게 되었어요.
하지만 나는 지금
그대를 이렇게
낮은 목소리로 불러봅니다.

석양이 물드는 저녁 하늘
무겁게 내려앉은 나의 마음
아아, 떠나버린 그대가
그리워서 울고 있는 나는
쓸쓸한 도시의 그림자.

내게 너무 착한 사람아

내게 너무 착한 사람아
이렇게 슬픔이 가득한
어두운 세상의 끝에서
마지막 노래를 불러야 하는
나의 영혼은 야위어 가는데

고독이 두렵다고 고백한
어느 시인의 시구(詩句)처럼
오늘 하루는
너의 꽃잎이 아름답다.

새벽에 피어난 꽃잎이여!

내 마음에 피는 꽃잎은
무심한 하늬바람에
힘없이 고개 숙이고

내 가슴에 뜨는 별빛은
하늘 덮은 아우성에
고개 숙인 꽃잎 일으킨다

저기 저 먹장구름 흘러가는
잿빛하늘이 울고 있을 때
새벽에 피어난 꽃잎이여!

깊은 밤 성난 비바람을
두려워하지 말고
고개 숙이지 말라.

마법의 사과

빨갛게 옷을 입은
너의 자태가
너무나 아름답구나

한 입 깨물면
그 견디기 힘든 고통
애써 참아가며
배고픈 나를
행복감에 젖게 하는
마법의 사과여

어린 시절 동화 속에
너는 백설 공주를 잠들게 했다지만
나는야 새콤달콤한 맛에 반해버린
한 마리의 배고픈
애벌레이고 싶어라.

꽃 단비

하얗게 눈이 내리듯이
창밖에 꽃 단비 내렸어라.

서럽게 님이 떠나듯이
내 맘에 꽃 단비 내렸어라.

쓸쓸한 기억 뚫고
그리움이 솟아나는
봄날의 저녁어귀에
님의 눈물처럼 꽃 단비 내렸어라.

나의 가을은

나의 가을은 피어오르는
낙엽의 연기처럼 외롭다.

나의 가을은 못내 보고 싶은
너의 눈빛처럼 순수하고

나의 가을은 깨끗이 정돈된
우리 만남처럼 서글프다.

아아, 그래서 나의 가을은
더욱 바쁜 걸음으로
바람만 남겨둔 채
너무 쓸쓸한
우리 곁을 떠나나 보다.

그대 사랑을 먹습니다

그래도 살기 위해서
그대 사랑을 먹습니다.

오늘밤도 죽지 않을 만큼
그댈 그리워하다 잠이 듭니다.

하루를 마감하는 이 시간
오늘밤도 못 잊어서
그대 사랑을 먹습니다.

아름다운 눈물 꽃

이 길고 긴 겨울날의 끝에서

우리 슬퍼하거나 외로워하지 말자

그저 독백하듯이 그댈 기다리고

그저 숨죽인 듯 슬픔의 노래 부르다가

저 머나먼 이별의 하늘로 돌아갈 때

속삭이듯이 낮은 목소리로 얘기하리라

이 세상 함께 해준
네가 있어서 나 행복했노라고.

새벽 별을 기다리며

남쪽 하늘 저기 저편에서
혼자 외롭게
빛을 내는 예쁜 별이여

밤새 울어주던 어린 새도
밝아오는 새벽이 반가웠는지
허름한 둥지 안으로 들어가 버리고

아무것도 보이지 않는
칠흑 같은 어둠 속에서
살고 있는 우리들 모두
오늘 또 다시
새벽 별
네가 뜨기만을 기다린다.

미워할 수 없는 사람에게

당신이 아무리 나를 미워하셔도
당신은 내가
미워할 수 없는 사람입니다.

당신이 아무리 떠나라 하셔도
나는 그림자처럼
당신 곁을 지킬 것입니다.

내가 미워할 수 없는 눈빛이기에
더 가슴 아픈 이름이 되신 당신이건만

당신이 나를 미워하실수록
나는 당신을
진심으로 사랑하겠습니다.

나를 그토록 미워하시는 당신을
어둠이 깔린 늦은 밤
흐르는 은하수 되어서라도.

초록별에서

초록별에서
우리 울지 않는
추억으로 다시 만나자.

너와 나 우리 모두가 하나인데
우리 어둠 속을 항해하는 조각배처럼
꿈을 찾아 여기까지 흘려왔구나.

꿈꾸는 이름으로 살자
그리고 이른 아침
동쪽하늘의
해오름을 바라보며 얘기 나누자.

어젯밤
초록별, 그곳에서 찾아낸
너와 나 우리들의 행복 그것만을 …….

행복을 먹고 사는 아이

행복을 먹으면 밥 안 먹어도
배부르다며 웃음 짓던 아이.

세상에 온갖 슬픔 다 겪고서
오직 행복만을 꿈꾸던 아이.

그 옛날 나밖에 모르던 나에게
나누는 기쁨을 가르쳐준 아이.

새 생명이 돋아나는 이른 봄날
나에게 들꽃을 선물해 준 아이.

이젠 활기찬 나의 희망 속에서
행복을 배불리 먹고사는
웃는 그 아이.

산사에서

자비라는 이름을 배우기 위해
당신은 연잎으로 피어났구려.

구름이 지나가는 깊은 산 속
작은 연못의 당신은
슬픈 부초의 모습으로 떠 있구려.

아아, 그 누가 말을 전했던가
진한 연꽃 향기로 얘기하는
평화로운 산사의 하루를
이렇게 가슴을 파고드는
풍경소리를 들으며
잠들 수 있는 완전한 속세와의 이탈을…….

모두가 사랑이라고 느껴질 때

모두가 사랑이라고 느껴질 때
나는 비로소
행복에 젖어 눈물 흘리고

모두가 행복이라고 생각될 때
나는 비로소
기쁨에 겨워서 춤을 추고

모두가 기쁨이라고 알게 될 때
나는 비로소
영원의 자유를 얻는다.

봄꽃

바보 같은 인생살이
뭐가 그리 좋다고
너는 그렇게
웃고만 있는 거니

한이 많은 인생살이
뭐가 그리 재밌다고
너는 그렇게
꽃으로 피어났니?

고독이 떠나지 않은
이내 가슴에도
따스한 봄날이 찾아와
나로 하여금
너를 보게 하는구나.

행복

모두가 사랑이고
모두가 행복이라고 느껴질 때
당신은 성공한
삶을 살고 있는 것입니다.

인생이란 그런 것입니다
당신이 지치고 힘이 들 때
사랑하는 사람이
곁에 있어 외롭지 않다면
당신은 진정
행복한 사람입니다.

별과 꽃잎의 속삭임

네가 떠난 후
너무도 쓸쓸한 내 마음에
너를 꼭 닮은
별 하나가 떠있다

내 마음에 떠있는 별에서
너는 진한 행복을 느끼며
살고 있는 것이다

네가 잠이 든 뒤
너무도 고독한 내 가슴에
너를 꼭 닮은
꽃잎이 피어있다

내 가슴에 피어난
꽃잎 안에서 너는 나에게
별과 행복을
속삭이고 있는 것이다.

조각구름

문득 바라본 하늘에
조각구름 흘러간다
나는 흘러가는 조각구름 보며
바람에 밀려 떠나 가버린
지난 추억들을
하나 둘씩 떠올려본다

그리고 우리 인생이란
바람에 밀려 흘러가는
조각구름 같은 것이라고 생각하며
말없이
나는 지금
저 하늘을 바라본다.

이사 가는 날부터

이사 가는 날부터
나는 그리움에 빠져들 것이다.
아침에 창을 열면 제일 먼저
나와 친구해주던
작은 화단의 어여쁜 꽃들과
그 위에서 너풀너풀
춤을 추던 나비들과
너무도 쓸쓸한 나의 곁에 날아와서
나를 위해 노래하던
저 새들의 지저귐도 그리울 테고.
방안에 누워있는 내가 안쓰러워
대문이 잠겨있으면
온갖 먹거리들을 울안에다 던져놓고 가시던
정 많은 이웃집 아주머니들까지도
사뭇 그리울 것이다.

3. 푸른 들판에 누워

깨달음을 찾아서

바람 따라
구름 따라
나는 여행을 떠난다

가다가
가다가
정말 힘이 들면
사과 꽃이 피어있는
나무 그늘 아래서
잠시 쉬었다 가련다

나를 사랑하는 여인이여!
이 길고 긴 방황의 여행길에서

진정한 깨달음을 얻는다면
어리석은 중생들을 구원할 수 있는
구도자의 모습으로 돌아오련다.

마음이 외로워지는 날에는

마음이 외로워지는 날에는
누군가와 단 둘이서
은은하고 그윽한
커피 향기에 취하고 싶다.

마음이 외로워지는 날에는
이 세상 모든 시름
다 털어놓을 친구라도 있었으면 좋겠다.

마음이 외로워지는 날에는
눈물 한 방울 흘리면서
나의 곁에 있어 줄
그런 사람이 있었으면 좋겠다.

내가 이 세상 떠나기 전에

내가 영원히 미워할 수 없는 사람
내가 이 세상 떠나기 전에
꼭 한 번만이라도
만날 수 있게 해주세요.

내가 못 잊어
부르고 싶은 그 이름
내가 이 세상 떠나기 전에
꼭 한 번만이라도
불러보고 가게 해주세요.

내가 그리워
구름 속에 그리는 얼굴
내가 이 세상 떠나기 전에
꼭 한 번만이라도
햇살로 볼 수 있게 해주세요.

잠이 오지 않는 밤에

잠이 오지 않는 밤에 나 홀로 깨어
쓸쓸함을 마시다가
떠나버린 너의 생각에 빈 가슴 메어 와
창밖에 하얀 눈이 내리고 있는지도 몰랐다.

아파트 숲길 사이로 거니는 수많은 사람들과
콘크리트 빛 차도를 헤집고 달려가던
빨간 자동차가 말을 걸어올 때
나는 또 다시 그리움에 빠져드는 별이 되었다.

잠이 오지 않는 밤에 별이 된 나는
언제쯤이면
그리운 너의 이름이라도 부를 수가 있을는지
아파트 숲길 사이로 들리는
사람들의 눈 밟는 소리만이
구슬프게 나의 가슴을 파고든다.

복분자 사랑

아침나절 우리 어머니 배낭 하나 짊어지시고 산에 가시더니 배낭 가득히 빨갛게 생긴 무엇인가를 따 오셨다.

나는 철없는 어린아이처럼 그것을 보고 어머니께 이게 뭐냐고 물어 보았는데 그러자, 어머니는 내 얼굴 보며 산딸기라고 대답하셨다.

나중에 알고 봤더니 어머니가 산에서 따 오신 빨간 그것은 산딸기가 아니라 먹으면 몸에 좋다는 복분자 열매였다.

믹서기에 갈아 요구르트를 넣어 먹는 신맛에, 그것이 산딸기면 어떻고 복분자면 또 어떤가. 어머니 사랑만 먹는다면 그것이 바로 더 없는 행복인데.

행복과 사랑의 시

내가 행복한 눈빛으로 시를 쓰면
사람들은 행복을 읽고서 웃고

내가 사랑의 언어로 시를 쓰면
사람들은 사랑을 읽으며
행복에 빠지나니

나는 그것으로
만족할 수 있으리.

마지막 밤을 보내면

슬픔 많고
그러나 행복 많았던
이곳에서 떠나야 합니다.

나 이제
외로운 모습으로
홀로 꿈을 키워왔던
정든 이곳에서의
마지막 밤을 보내면
사랑하는 당신과의
정말 아름다웠던
추억들을 뒤로 한 채
말없이
약사동, 정든 곳을 떠나야 합니다.

내 인생이 끝나는 날까지

목숨보다 소중한 사랑
내 인생이 끝나는 날까지
간직하게 하소서.

기억 속에 각인이 되도록
가슴까지 태워버린 사랑
영원토록 나의 곁에
꽃 한 송이로 피게 하소서.

달무리 되어 아롱지는
님의 흔적
내가 떠난 빈자리에
달빛으로 남게 하소서.

소국을 보며

차가운 기운이 감도는 늦가을
너는 그 누구의
소망으로 피었는가

이른 가을 아침
창밖의 세상이 연무에 휩싸여
내 가슴 아파와도

나 아름다운
너의 꽃잎 보며
위로 받으리라.

아파트에서

베란다밖엔 산도 보이고
아래를 보니 어린아이들이 뛰어 노는
놀이터도 보이는구나

밤이 되면 베란다 밖은
휘황찬란한 아파트 불빛 천국인데

새벽마다 놀러와 주던
노란 나비 한 마리
나를 좇아 이사해 주려나.

푸른 들판에 누워

푸른 들판에 누워
하늘을 보면
너를 닮은 행복구름
내 마음 싣고 떠가지

푸른 들판에 누워
나무를 보면
그 가지 사이 비치는
밝은 햇살에 감사하고

푸른 들판에 누워
너의 얼굴을 보면
항상 마르지 않는
너의 샘물 되고 싶어라.

네가 돌아오는 날에는

네가 돌아오는 날에는
오랜 그리움의 세월들을
둘이 앉아 얘기할 수 있는
반가움의 양탄자를 깔고
너를 맞이하겠다.

네가 돌아오는 날에는
깊이를 알 수 없는
사랑의 강물을 바라보며
진달래꽃 두 손에 들고
너를 맞이하겠다.

네가 돌아오는 날에는
보고 싶었단 말 대신에
오랜 세월이 지났노라고
그저 그렇게 말하며
너를 맞이하겠다.

그리움을 간직한 가슴은

그리움을 간직한 가슴은
항상 눈물이 고여 있다.

그 눈물 흘러 넘쳐
이른 새벽 해 뜰 무렵부터
황혼 빛 노을이 질 때까지
내 마음 저절로 고독에 젖고

그리움이 춤을 추는
슬픈 밤을 나는 또 다시
사랑을 그리며
홀로 노래하는
한 마리 새가 된다.

그리움을 간직한 가슴은
언제나 슬픔이 고여 있다.

바닷가에서

구비 구비 대관령 고개 넘어
강릉 경포 호를 지나
난생 처음 바다에 도착했다.

시원스레 파도치는 물살 위로
갈매기 한 마리 날개 짓 하며 낮게 날고
하얀 포말 춤을 추는 해변에서
짓궂은 어린아이의 모습으로
장난치는 사람들과
연신 카메라셔터를 누르는 손길이
왠지 바쁘기만 하다.
수평선 저 멀리에 뭐가 있기에
나는 그토록 바다를 그리워했을까.

바다에 온 기념하라고 조개껍질을 주워 와
빈 음료수 병에 담는 이의 고마운 마음
영원히 잊지 않으리라.

아파트에서 본 비둘기

오늘 아침
내가 살고 있는 아파트
내 방에 달린 유리창 너머
자살이라도 하려는 듯이
비둘기 한 마리 부딪쳐 온다.

수없이 자꾸 부딪쳐서
머리는 이미 피투성이가 되었는데도
유리창이 깨져라
머리를 한없이 박는다.
무엇이 그렇게 괴로워
비둘기는
유리창에 자신의 머리를 아프게 박는 걸까.

나는 조심스럽게
피투성이가 된 비둘기에게 말을 걸어본다.

너무 무거운 슬픔을 등에 짊어진 너의 모습이
바로 지난날 고독 속에 있던 나의 그리움 같다고.

당신에게 하고픈 말

당신이 지금 힘들다고 남에게 상처 주지 마세요.
당신이 지금 느끼고 계신 외마디 고통
다 무지한 당신이 만드신 산물이라는 것을
당신께선 아셔야 해요.

당신이 지금 괴롭다고 타인을 원망하지 마세요.
당신이 지금 받고 계신 사랑의 외면
결국 당신 안에 또 다른 당신이 자처했다는 것을
당신께선 아셔야 해요.

당신이 지금 서럽다고 그렇게 짜증내지 마세요.
당신이 지금 옆 사람에게 내는 짜증
시간이 지나 부메랑 되어 되돌아온다는 것을
당신께선 아셔야 해요.

네가 숨 쉬고 남는 공기 있다면

네가 숨쉬고
혹시 남는 공기 있다면
나에게 조금만
나누어 줄 수 있겠니?

네가 살고 있는 나무
혹시 남는 둥지 있다면
내가 살도록
허락해 줄 수 있겠니?

나는 숨 쉴 공기조차 희박한 곳에서 살다가
이렇게 못난 모습으로 도망쳐 나온
이름 없는 별빛의 영혼이란다.

신이 내린 아름다운 노래로
세상 모든 아픈 가슴 위로해 주는
행복이란 이름을 가진 새야.

내가 살아있는 동안

내가 살아있는 동안
끝없이 행복해지고 싶다.

내가 살아있는 동안
내게 주어진 단 하루의 시간이
나의 운명이래도
너와 함께 하고 싶다.

짙은 안개 낀
잠 못 이루는 밤
단 하루를 살고서 생을 마감해야 하는
하루살이의 삶이래도

내가 살아있는 동안
이 세상 모든 아름다운 것들을
끝없이 사랑하고 싶다.

당신은 행복한 사람입니다

억수 같이 퍼붓는 빗줄기 속에서 우산 하나 챙겨들고 희미한 버스정류장에 나가 당신을 기다려 줄 친한 친구가 있다면 당신은 행복한 사람입니다.

당신이 아주 심한 감기에 걸려 37도를 오르내리는 고열에 시달리며 자리에 누웠을 때, 당신 곁에서 눈물 글썽이며 안타까워 해 줄 한 사람이 있다면 당신은 행복한 사람입니다.

길고 긴 세월이 흘러 당신 생의 마지막 순간 그저 조용히 젖은 눈빛으로 가슴에 아쉬움 하나 새기면서, 먼 훗날까지 당신을 기억해 줄 고운 이가 혹시 있다면 당신은 행복한 사람입니다.

나는 매일 오줌 싼다

나는 매일
사람들이 보는 앞에서 오줌을 싼다.

아랫도리 내린 채
소변기에 오줌 누는 나의 모습
사람들은 아무렇지도 않게 쳐다본다.

사람들에게 성기를 내보인 나는
잠시 부끄러움과 창피함에 얼굴 떨구다
용기 내어 소리친다.

우리가 세상을 살면서
정말 부끄럽고 창피한 삶이란
도전하지 않는 삶이라고.

그리고 모든 일에
노력하지 않는 삶 또한
세상에서 가장 부끄럽고 창피한 삶이라고.

가을밤에 비가 내리면

오늘밤 내가 있는
춘천에도 비가 내린다.
오늘 같이 너무도 쓸쓸한
가을비가 내리면
내 마음속 외로운 너에게
편지를 쓰고 싶다.

오늘밤 이렇게
너무도 차가운 가을비가 내리고
아무렇게나 땅에 떨어져
바람에 뒹굴던 나뭇잎들도
촉촉하게 젖어있는 가을밤
너는 어디서 지금 무얼 하고 있느냐?

첫눈 내리는 날
유리창 밖에
솜사탕 같은 첫눈이
살포시 내렸어요.

나는 어린아이처럼
눈 오는 것이 마냥 좋아
가만히 유리창 밖으로
작은 손 내밀어 보았어요.

그러나 유리창 밖에 내리는
하얀 눈은 잡히지 않았어요.
나의 손에 아직 남아있는
따스한 온기에
금방 녹아버렸어요.

산다는 것이 전쟁이라면

산다는 것이 전쟁이라면
나는 희망이라는 대포로
절망이라는 이름의 적진을
한방에 날려 버리겠습니다.

산다는 것이 전쟁이라면
나는 행복이라는 미사일로
불행이라는 이름의 쓰레기들을
깨끗하게 청소해 놓겠습니다.

산다는 것이 전쟁이라면
고독이라는 보이지 않는
적을 괴멸시키기 위해
나의 군사들을 풀겠습니다.

산다는 것이 또 전쟁이라면
내가 폭격기 조종사가 되어
이 슬픔 머무는 세상을 폭격해
웃음 넘치는 꿈의 나라 만들겠습니다.

그래도 고통이 만들어 놓은
이 지독한 전쟁이 안 끝난다면
그대의 미소로 만든 핵폭탄을
아픔의 공장에 떨어뜨려야겠지요
그래서 모두가 함께 행복할 수 있는
그런 세상 만들어야겠지요.

고난을 이겨낸 사람은 안다

아파 보지 않고서는
아픈 사람의 마음을 모르듯
가슴에 아픔 하나 품은 사람은
고독한 이름의 모습을 안다.

거리에 헐벗은 어린 소녀가
겨울바람에 떨고 있는 것을
우연히 목격하면서
슬픔을 느껴본 사람은 안다.

아주 추운 겨울밤
쏟아지는 눈보라를 뚫고
따스한 봄이 오고 있다는 것도
고난을 이겨낸 사람은 안다.

너에게 하고 싶은 말

자기 스스로를 갇혀진
삶을 살고 있다고
생각지 마라.

너의 고운 마음과
맑은 영혼은

이미 저 푸른 하늘을
자유롭게 날고 있으니.

바보 같은 한 줄기 미소

아무리 외롭고
산다는 것이 힘들어도

나는 아무것도 모르는
바보가 되어 미소 지으리.

내가 짓는 한 줄기 미소가
어둠을 밝히는

절대로 절망할 수 없는
등불이 되길 소망하면서.

행복이란

행복이란
우리가 마음먹기 나름이 아닌가 싶다.

아무리 돈 없어도
우리가 행복하다고 말하면
우리는 행복한 것이다.

행복이란
우리가 생각하기 나름이 아닌가 싶다.

아무리 가난해도
우리가 행복하다고 생각하면
우리는 행복한 것이다.

희망을 꿈꾼다

희망을 꿈꾸는 사람에게는
머지않아 행복이 오고
아침 햇살을
품에 품고 사는 사람에게는
밝은 미소 가득한
내일이라는 선물이
배달될 것이다.

4. 봄날의 왈츠

그는 행복했다

그는 행복했다
한 치 앞도 분간할 수 없는
컴컴한 암혹 속에서도
어둠을 불 밝힐 수 있는
사랑이 있어 그는 행복했다

그는 행복했다
말할 수 없이 외로웠던 밤
잠 못 드는 고독 소리쳐 와도
절망의 기억 지울 수 있는
아침이 있어 그는 행복했다

그는 행복했다
어딘지도 모를 통곡의 바다
비바람 거세게 불어와도
폭풍우 이겨낼 수 있는
준비가 되어 있어 그는 행복했다

봄날의 왈츠

나 이렇게 이름 모를
꽃잎 뒤에 숨어
마치 넋이 나간 사람처럼
슬픔 앞에 당당히 맞서는
거대하고 위대한
당신의 모습을 봅니다.

그 크나큰 거목처럼
세월이 흘러도 변함이 없을 것 같은
포근한 당신 사랑 받고
나 이른 새벽부터
불꽃놀이처럼 화려한
봄날의 왈츠를 즐깁니다.

내가 가야할 길

내가 가야할 길 아주 먼 인생길인데
출발점에 선 마라톤 선수처럼
나의 목표는 끝까지 내달려
제일 먼저 결승점에 골인하는
그런 사람이 되는 것이 아니었다.

그저 우리 그리 길지 않은 인생에서
내가 그렇게 바라고 원하고 있는 것은
비탈진 질곡의 인생길을 달리게 되더라도
때론 그 길에서 넘어져 있는
나보다 더 불행한 사람들을 위해
잠시라도 위안이 되어줄 줄 아는
그런 마음을 갖기를 나는 소망한다.

아주 어렸을 때부터 지독한 삶의 고난과
뒤틀린 팔다리의 운명을 타고난 내가
과연 그 길을 갈 수 있을지는 모르지만…….

우리 인생이 아름다운 건

우리 인생이 아름다운 건
좋은 사람들과 함께 있기 때문이다.

좋은 사람들과 사랑하며
좋은 사람들과 행복을 느끼며
좋은 사람들과 같이 있기에

우리 인생은 아름다운
더 좋은 의미를 갖게 되는 것이다.

벚꽃

바퀴의자에 앉아
길가에 흐드러지게 피어있는
하얀 벚꽃을 보았다.

바다가 보고 싶어
강릉 갔던 길에
순백의 꽃잎을 보았다.

바보상자의 네모난 화면에서나 보던
벚꽃들을
나는 강릉에서 보았다.

파랑새 날아가는 하늘

파랑새 멀리멀리 날아가는 하늘 위로
나 양털구름 타고 여행 떠나고파.

귀여운 양털구름 타고 떠나는 여행이라
그 즐거움 더 크겠지.

게다가 너무 어둡던 나의 가슴에
새로운 희망 가득 담아
떠나보면 어떨는지.

파랑새 힘차게 날갯짓하는 하늘 위로
나 뭉게구름 타고
소풍놀이 떠나고파.

울지 않기 위해

삶이 아무리 힘들어도
울지 않겠다고
나 자신에게 약속했다.

삶이 아무리 괴로워도
울지 말자고
입술을 악물고 살리라 약속했다.

삶이 아무리 고난의 연속이래도
울지 않기 위해
오늘도
알 수 없는 몸부림으로
초라해지기 싫어
거울 앞에서 작은 미소 지어 본다.

생각의 나무

오늘 아침에는
나의 마음속
그리움의 골짜기에
생각의 나무를 심었습니다.

생각의 나무가 자라
나의 마음속에서라도
잘 지내라는
마지막 인사도 없이
떠나신 당신 모습 볼 수 있게.

나는 꿈꾼다!

많은 사람들 앞에서
벌거벗고 있어도
부끄럽지 않은 삶을 살다 가는
나의 인생을 꿈꾼다!

이른 아침 일어나
창틈으로 들어오는
해맑은 햇살을 받으며 살다 가는
나의 행복을 꿈꾼다!

그리 길지 않은 인생살이
가난에 찌들었다 해도
모든 것에 감사하며 살다 가는
나의 마지막이기를!!!

최면

차라리 웃는 거야.
아무리 삶이 괴롭고 힘들어도

나 인생의 마라톤 코스를 완주하는 날까지는
절대로 약해져서는 안 되는 거야.

먼 훗날 저 파란 하늘 위로
구름다리를 건너는 날이 오면

이 지상에서의
행복했던 기억들만 노래할 수 있도록
지금 이렇게
나 자신에게 최면을 거는 거야.

그런 사람은 되기 싫다

늦은 밤 창 밖에는 바람이 몹시 불고 있다.
그 누군가의 식어버린
외침 같은 바람소리가 자꾸만 귓가에 들려와
두 볼을 눈물로 적셔준다.

아무리 삶이 힘들다 하여도
아우성치듯
죽음을 입에 달고 사는 어리석은
그런 사람은 되기 싫다.

아무리 인생이 고달프다 하여도
한숨 쉬 듯
세상이 끝난 것처럼 자기 자신을 괴롭히는
그런 사람은 되기 싫다.

늦은 밤 창 밖에는
지금도 바람이 불고 있다.
이렇게 온기 잃은 마음 되어
무심히 내다보는 거리
가로등 불빛이 눈물에 젖어
너무나 흐리새 보인다.

사랑초

사랑 없인
누군가의 사랑 없인
아름다운 꽃을 피울 수 없다는
사랑초를 보며
나는 깨닫습니다.

햇살 따사롭게 창틈으로 스며드는
어느 평온한 봄날
당신이 주셨던
나를 위한 사랑을 아직도 기억합니다.

내 가슴에 남아 숨 쉬고 있는
당신의 사랑을 받는
내가 바로
사랑초가 아닐는지요.

슬픔을 모르는 사람은

슬픔을 모르는 사람은
기나긴 목마름의 세월을 견디고 들려오는
행복의 샘물소리를 듣지 못하리.

혹독한 고통을 이겨내고서야
비로소 깨닫는 삶의 기쁨을
가시밭길을 헤매는 시간을
보내기 전에는 맛볼 수 없으리.

슬픔을 모르는 사람은
길고 긴 번뇌의 터널을 지나기 전에는
봄날의 쏟아지는 햇살을 모르리.

통도사에서

달빛으로 곱게 물든 통도사의 밤은
나의 마음 외롭지 않고
아름다웠다

부처님을 뵙는 행복한 시간은
나의 얼굴에 드리워진
알 수 없는 그늘을 거두어 가고

'바르고 착하게 살아라.'
계를 내려주신 큰스님의 말씀은
나의 가슴 깊은 곳에
부처님의 가르침으로
내가 아직도 깨닫지 못한
영원한 화두가 되어 박혔는데

환한 미소로 행복에 젖어
죽어도 잊을 수 없는
통도사의 밤을 보내고
무심히 바라보는 영축산
맑은 계곡에 살고 있는 다슬기
진구하사고 손짓하는구나.

나는 지금 행복하다

나는 지금 행복하다.
울긋불긋 단풍이
아름답게 물든 숲길을 지나
밝은 미소 지을 수 있는
금학산의 밤이 깊어가니
나는 지금
그 어느 사람보다 행복하다.

나는 지금 행복하다.
이렇게 나를 사랑해주시는 보살님들과
영원토록 못 잊을 축제의 한마당
신나게 춤을 출 수 있으니
나는 지금
그 어느 순간보다 행복하다.

나는 지금 행복하다.
내가 삶을 살아가면서
나의 생에 비바람이 몰아닥쳐도
전혀 두렵지 않을 만큼
목이 터지도록
부처님들과 노래할 수 있으니
나는 지금
그 어느 가을보다 행복하다.

희망과 절망 사이에서

세상을 살다보면
우리는 희망과 절망 사이에서
때로는 주체 못할 행복에 겨워
터져 나오는 웃음 참지 못하고

때로는 자신이 선택한
불행의 미로 속에서 헤매다
행복의 길로 나오는 출구를 찾게 되는데

이 세상 모든 행복과 불행은
결국 우리 자신이 만든
미로라는 것을
그때서야 깨닫게 되누나.

제주도에서

꿈인지 생시인지
수평선 저 멀리 어둠이 낮게 깔려있는
제주도의 새벽하늘 아래로
물새들이 날고 있었네.

내가 난생 처음 비행기를 타고 날아갔던
제주도에서 느껴보는 남쪽나라의 가을풍경과
사람들 속에 섞여서 더더욱 즐거웠네.

고마운 천사들의 도움으로 유람선에 올라
파도치는 창밖을 내다보니
걱정했던 멀미는커녕
철없는 어린아이처럼 마냥 신이 났네.

내가 38년을 살면서
제주도에서 처음 보낸 2박 3일의 모든 시간들이
영원히 잊을 수 없는 밀감 빛 추억으로
나의 가슴속에 남아있네.

숭례문이 안타깝다

내가 만약 서울에 가게 되면
숭례문을 한 번 꼭 보고 싶었는데
무심코 켜둔 텔레비전에서
'뉴스속보'라는 자막이 나오더니
내가 그렇게 보고 싶어 하던
숭례문에 화재가 발생해서
불타고 있다는 소식을 듣게 되었다.

나는 계속 화면 속에 불타는 숭례문을
안타까운 마음으로 바라보며 잠도 못 이루고
화마를 견디지 못한 숭례문이 무너지는
처참하고 참혹한 광경을 지켜봐야 했다.

그 옛날 임진왜란과 병자호란,
그리고 6.25 한국전쟁,
수많은 격동의 회오리 속에서도
숭례문은 600여 년 동안
서울뿐만 아니라 우리나라 대한민국의
역사를 말해주는 국보 1호이다.

그런 숭례문에 누가 불을 질렀을까?
나는 아직도 화면 속의 불타는
숭례문이 무너지는
처참하고 참혹한 광경을 잊지 못한다.

아아, 오늘밤도 나의 마음은
그날 밤 뜨거운 화마를 견디지 못하고
무너진 대한민국의 국보 1호
숭례문이 안타깝다.

푸른 내일

휠체어에 앉아
뒤틀린 육신의 영혼으로
갇혀진 삶을 정면으로 거부하며
푸른 내일을 꿈꾸리라.

하얀 도화지 위에 어설프게 그린
자유의 탄성처럼
절망하지 않고
푸른 내일을 향하리라.

우리가 촛불 의식을 할 때
저마다의 눈빛 속에 담겨져 있는
작은 소망을 가슴으로 안고
푸른 내일을 말하리라.

아침 강가에서

지은이 / 정상석
펴낸이 / 金映希
펴낸곳 / 도서출판 土房

2011년 4월 15일 초판 1쇄 발행
등록 1991. 2.20. 제6-514호

서울특별시 성북구 북악산로 746. 101-1303
전화 766-2500, 747-4588
팩시밀리 747-9600
e-mail/ tobang2003@hanmail.net

ISBN 978-89-87066-86-8-03810